감정을 또박또박 표현하는 어린이 커뮤니케이션

화나고 짜증날 때 이렇게 말해요

글 오효진 그림 김수옥

책읽는달

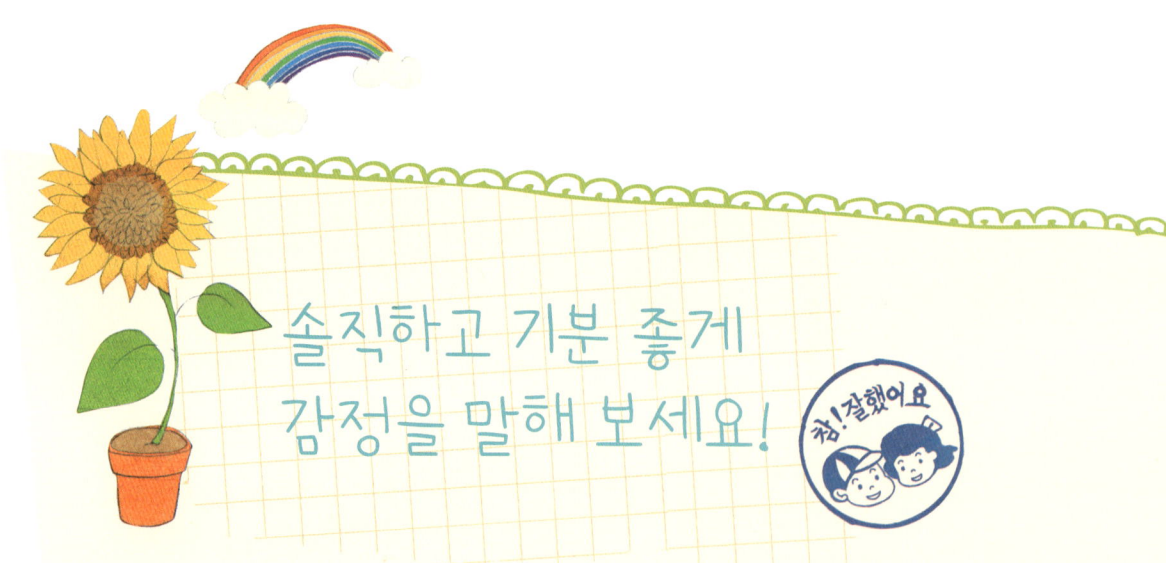

솔직하고 기분 좋게 감정을 말해 보세요!

어린이 여러분, 반가워요!

여러분은 자신의 감정을 얼마나 솔직하고 기분 좋게 표현하나요?

대부분 친구들은 자신의 감정을 잘 이해하지 못하고 표현에 서툴러요. 그래서 종종 말을 듣는 사람이 오해하기도 해요.

예를 들어서 선물을 받으면 기쁘지만 때로는 마음에 들지 않을 때도 있잖아요. 그럴 때 "이 선물 싫어!", "다른 사람이나 줘."와 같이 말하면 선물을 준 사람이 얼마나 섭섭할까요? 아마도 앞으로는 선물을 주고 싶은 마음이 사라질지도 몰라요.

이렇게 내 마음과 달리 표현을 삐뚤게 하면 미움을 받기도 하고, 다른 사람에게 상처를 주기도 해요. 그래서 가족이나 친구들과 사이가 멀어지기도 하지요.

　그러므로 감정을 정확히 느끼는 것도 중요하지만 그것을 바르게 표현하는 방법도 중요해요. 감정을 말로 표현하기에 서툰 친구들은 방법을 배울 필요가 있어요.

　이 책에는 다른 사람에게 감정을 표현하는 방법이 담겨 있어요. 집이나 학교, 학원에서 흔히 느끼는 감정과 이를 어떻게 표현해야 하는지 알기 쉽게 보여주지요.

　자신의 감정을 솔직하게 이야기하면서 주변 사람들과 더욱 친해지는 마법의 말이 책 속에 있어요. 친구들의 눈높이에 맞춰 감정을 이해하고 실수 없이 표현할 수 있도록 도와주지요.

　또한 책을 읽으면서 친구들 스스로 감정 표현에 대해 어떻게 생각하는지, 그리고 바르게 표현하는 방법이 무엇인지 깨닫게도 해 줘요.

　말하기를 잘하고 싶은 친구라면, 이 책을 읽어 보며 좋지 않은 감정을 다스리고 기분 좋은 감정으로 바꾸는 말하기를 익혀 보세요.

차례

1장 일상생활 (집)

화가 날 때
동생(형, 누나)이 미웠어요 8
엄마 때문에 화가 나요 10
하고 싶은 것을 못하게 해서 심술이 나요 12

싫증 나고 짜증 날 때
아침에 일어나면 짜증이 나요 14
아빠가 시킨 일을 하기 싫었어요 16
선물이 마음에 들지 않아요 18

답답하고 말하기 싫을 때
부모님이 말다툼해서 걱정돼요 20
흥분을 진정할 수 없었어요 22
물건을 잃어버려 울고 싶어요 24
부모님이 내 마음을 몰라 줘서 섭섭해요 26

바라는 것이 생겼을 때
새 신발이 필요해요 28
혼자 있어 겁나고 외로워요 30
칭찬받고 싶어요 32

2장 학교와 학원

화가 날 때

친구가 자꾸 놀려요 36
만들기 수업을 망쳐서 속상해요 38
고자질을 한 친구가 미워요 40
반칙하는 친구 때문에 열 받아요 42

싫증 나고 짜증 날 때

친구를 돕는 일이 귀찮아요 44
졸음을 참을 수가 없어요 46
친구에게 질투심이 생겨요 48

답답하고 말하기 싫을 때

새 학년, 새 친구들이 낯설어요 50
발표를 잘하지 못해서 창피해요 52
선생님께 거짓말을 해서 걱정돼요 54
선생님이 무섭고 싫어요 56

바라는 것이 생겼을 때

새 자리가 마음에 안 들어요 58
짝꿍과 친해지고 싶어요 60
문제를 못 풀어 속상해요 62

1장
일상생활 (집)

화가 날 때
동생(형, 누나)이 미웠어요

"나 안 해!"

한창 재미나게 놀다가 동생이 또 심술을 부리기 시작했어요. 동생은 자기 마음에 들지 않을 때마다 투정을 부려서 얄미웠어요. 덩달아 내 기분도 나쁘게 만들어요.

"네가 갑자기 화를 내면 나도 속상해져. 왜 화가 났어?"

나도 동생에게 화를 내고 싶었지만 꾹 참았어요. 대신 동생에게 화가 난 이유를 물었어요.

"오빠만 자꾸 이기잖아……. 나도 이겨보고 싶단 말이야."

동생의 대답을 듣고 나니 속상해하는 동생의 마음을 이해할 수 있었어요. 나도 게임에서 계속 지면 재미가 없고 하기 싫거든요.

"그러면 다시 한 번 해 볼래? 너도 이길 수 있을 거야!"

"진짜?"

동생은 다시 게임을 시작했어요. 게임에서 이긴 동생은 뛸 듯이 기뻐했어요. 우리는 싸우지 않고 재미있게 게임을 끝낼 수 있었어요.

이렇게도 말해요

동생이 미워질 때 :
- 네 마음대로 하면 나도 속상해.
- 네가 그렇게 한 이유를 말해 줘.

형, 누나가 미워질 때 :
- 형(누나)이 좋지만 이럴 때는 내 기분도 안 좋아.
- 화를 내는 이유를 알려주면 내가 노력해 볼게.

화가 날 때

엄마 때문에 화가 나요

엄마와 시장에 가는 날! 엄마는 내가 얌전히 있으면 맛있는 피자를 사 준다고 약속했어요. 그래서 나는 만지고 싶은 물건이 있어도 참고, 보고 싶은 물건이 있어도 참았어요. 그런데 엄마는 약속을 지키지 않았어요.

"피자는 다음에 먹자. 엄마가 집에 가서 맛있는 요리해 줄게!"

나는 화가 나서 못된 행동이 나오려고 했어요. 그래서 솔직하게 내 생각을 말하기로 마음먹었어요.

"오늘 엄마가 약속을 지키지 않아 실망했어요. 믿음을 위해서 약속은 꼭 지켜야 하잖아요!"

"그랬구나. 감정이의 기분을 상하게 해서 미안해. 엄마는 맛있는 요리를 해 주고 싶어서 그랬어. 사과를 받아 줄래?"

엄마는 나를 살포시 안아 주셨어요.

"알겠어요. 다음에는 약속을 꼭 지켜 주세요!"

엄마는 고개를 끄덕였어요. 피자를 못 먹었지만 엄마의 정성이 듬뿍 담긴 음식을 먹으니 다시 기분이 좋아졌어요.

이렇게도 말해요

- 약속이 지켜지지 않아 속상했어요.
- 약속을 어긴 이유를 알고 싶어요.
- 엄마를 사랑하지만 약속을 어겨서 실망했어요.
- 다음에는 꼭 약속을 지켜 주세요!

화가 날 때

하고 싶은 것을 못하게 해서 심술이 나요

엄마는 내가 하고 싶은 것을 못하게 하는 방해꾼 같아요. 컴퓨터 게임을 하고 싶어도, 친구와 밖에서 놀고 싶어도 이렇게 말씀하세요.
"안 돼! 오늘 해야 할 일부터 마치고 놀아."
그럴 때마다 나는 심술이 나요. 어떻게 하면 내가 하고 싶은 것을 마음 놓고 할 수 있을까요? 곰곰이 생각하다가 좋은 생각이 떠올랐어요.

엄마가 회사에서 돌아왔어요. 나는 당당하게 텔레비전을 보고 있었어요.
"지금 숙제 다 하고 보는 거야?"
"네. 학교에서 오자마자 다 끝냈는걸요. 이제 텔레비전 봐도 되죠?"
엄마가 빙그레 웃으시며 말씀하셨어요.
"참 잘했어. 다음에도 중요한 일부터 끝내고 보는 거야!"
엄마 말씀을 들었더니 칭찬도 받고, 내가 하고 싶은 일을 자유롭게 할 수 있게 되었어요.

이렇게도 말해요

먼저 해야 할 일이 있을 때 :
- 숙제를 끝내면 ○○을 해도 되나요?

지켜야 할 약속이 있을 때 :
- 친구와 ○○을 하기로 약속을 했어요.
- 다음에는 먼저 말씀드리고 허락받을게요.

시간을 정하고 부탁할 때 :
- 30분만 놀고 공부할게요. 약속은 꼭 지킬게요!

싫증 나고 짜증 날 때
아침에 일어나면 짜증이 나요

"엄마, 5분만 더 누워 있을게요!"

아침마다 눈꺼풀이 돌덩이처럼 무거워서 떠지지 않아요. 따뜻한 이불 속에 있으면 일어나기 싫어져요. 그럴 때마다 학교에 가기 싫어지고 짜증이 나요.

"감정아, 빨리 일어나 씻어! 그러다 지각하겠어."

나는 투덜투덜거리며 세수를 해요. 세수를 하면서 생각했어요.

'학교에서 신 나고 재미난 일은 무엇일까?'

학교에 가면 친구들을 만날 수 있어요. 집에 혼자 있는 것보다 친구들과 이야기하고 노는 것이 더 즐거워요. 나는 재빨리 학교에 갈 준비를 마쳤어요.

"엄마, 아침부터 짜증을 내서 죄송해요. 다음에는 일찍 자고, 일찍 일어날게요!"

엄마는 빙그레 웃으며 대답했어요.

"우리 아들 힘내!"

이렇게도 말해요

늦잠을 잤을 때 :
- 죄송해요. 앞으로 일찍 자고 일찍 일어날게요.

바로 일어나기 힘들 때 :
- 5분만 더 쉬고 싶어요.

몸이 아플 때 :
- 몸에서 열이 나요. 엄마가 살펴봐 주세요.

싫증 나고 짜증 날 때
아빠가 시킨 일을 하기 싫었어요

아빠가 심부름을 시켰어요. 하지만 아빠가 시킨 일을 하기 싫었어요. 그때 나는 숙제를 하느라 매우 바빴으니까요.

"아빠, 지금은 심부름을 할 수가 없어요."

나는 기분을 솔직하게 말했어요. 그리고 심부름을 하지 못하는 이유도 함께 말했어요.

"숙제가 많아서 이것부터 끝내고 싶어요."

그러자 아빠는 다정한 말투로 말씀하셨어요.

"아빠가 감정이의 상황도 모르고 심부름을 시켰구나. 오히려 아빠가 미안하네."

나는 웃으며 아빠에게 대답했어요.

"괜찮아요. 심부름은 숙제 끝나고 할게요!"

"아니야. 아빠 일은 아빠가 직접 해야지."

우리는 크게 소리 내어 웃었어요. 나는 다시 숙제에 집중할 수 있었어요.

싫증 나고 짜증 날 때
선물이 마음에 들지 않아요

두근두근 어린이날. 부모님께서 선물을 사 주셨어요. 하지만 내 선물이 형의 축구공보다 좋아 보이지 않았어요.
"형 선물이랑 바꿀래! 이 장난감 갖기 싫어!"
나는 떼를 부리기 시작했어요. 엄마는 나에게 타이르듯 말씀하셨어요.
"감정이가 지난번에 장난감을 사 달라고 말했었지. 마음이 바뀌었다고 투정부리면 엄마도 선물을 사 주고 싶은 마음이 사라질 거야."
엄마의 말씀이 맞아요. 선물이 마음에 들지 않는다고 짜증 내고, 형의 선물에 욕심을 낸 건 잘못이었어요. 나는 잘못을 반성하고 부모님과 형에게 사과하기로 마음먹었어요.
"형, 미안해. 내 것보다 형의 선물이 멋져 보여서 그랬어."
형이 말했어요.
"네 선물도 정말 멋져. 형하고 같이 축구시합 하자!"
선물을 사 주신 부모님께도 용서를 빌었어요.
"아빠, 엄마, 죄송해요. 그리고 선물을 사 주셔서 감사합니다."
"그래. 다음에는 정말 갖고 싶은 선물을 말하렴."

이렇게도 말해요

- 제가 생각했던 선물은 ○○이었지만 이것도 좋아요!
- 선물을 주셔서 감사합니다.
- 잘 사용하겠습니다.
- 다음에는 ○○을 사 주시면 더 기쁠 것 같아요.

답답하고 말하기 싫을 때
부모님이 말다툼해서 걱정돼요

온종일 집안에 찬바람이 쌩쌩 불었어요. 부모님이 다투고 나면 우리 집은 겨울이 돼요. 나도 마음이 꽁꽁 얼어붙어서 아무것도 못하고 답답해져요. 이러다 부모님이 멀어질까 봐 걱정이 됐어요. 그래서 용기 내어 부모님께 나의 속마음을 말했어요.

"두 분이 싸우시면 제 마음도 자꾸 슬퍼져요."

부모님은 화들짝 놀라며 말씀하셨어요.

"감정이가 아빠, 엄마 때문에 많이 놀랐구나!"

"네. 두 분이 싸우고 헤어지면 저를 버리실까 봐 무서워요."

나는 대답했어요. 그리고 제 바람을 이야기했어요.

"이제 두 분이 화해하셨으면 좋겠어요."

부모님은 내 이야기를 조용히 들어주셨어요. 그리고 두 분은 화해하셨어요. 내 마음도 다시 편안해졌어요.

이렇게도 말해요
- 부모님이 싸우시면 저도 무섭고 슬퍼져요.
- 아빠, 엄마가 서로 미워할까 봐 걱정돼요.
- 서로 화해하셨으면 좋겠어요.

답답하고 말하기 싫을 때
흥분을 진정할 수 없었어요
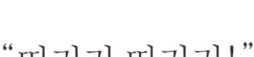

"띠리리 띠리리!"

아파트 인터폰이 요란하게 울렸어요. 나는 동생과 뛰어놀던 것을 멈추고 인터폰을 받았어요.

"아래층 아주머니야. 감정이가 뛰어다니면 아래층은 무척 시끄럽단다."

아주머니의 말에 나와 동생은 순간 얼음이 됐어요. 엄마가 집안에서는 뛰지 말라고 한 게 생각났어요.

"아주머니 죄송해요. 신 나게 놀다 보니 잊고 있었어요."

아주머니께서 말씀하셨어요.

"그래, 조금만 살살 뛰어. 아래층에 아기가 자고 있거든."

아주머니는 우리가 심하게 뛰어다니면 아기가 깬다고 했어요.

"네, 다음부터는 조심할게요!"

나는 움직일 때마다 신경이 쓰였어요. 마음껏 뛰어다니지 못해 아쉬웠지만 아래층에서 귀여운 아기가 자고 있다고 생각하니까 발소리가 작아졌어요.

사뿐 사뿐

살금 살금

| 이렇게도 말해요 | - 놀다가 실수를 했어요.
- 소란스럽게 해서 죄송합니다.
- 다음부터는 조심할게요. |

답답하고 말하기 싫을 때

물건을 잃어버려 울고 싶어요

맙소사! 실내화 가방이 감쪽같이 사라졌어요. 가슴이 콩닥콩닥 뛰고 눈물이 핑 돌았어요. 엄마가 알면 혼낼 것이 분명해요. 어쩌죠? 실내화 가방을 잃어버린 내가 밉고 바보 같이 느껴졌어요.

엄마에게 꾸중을 듣는 게 무섭지만 솔직히 이야기했어요.

"엄마, 말씀드릴 게 있어요. 오늘 실내화 가방을 잃어버렸어요. 다음부터는 조심할게요."

"어쩌다 잃어버렸니?"

"잘 기억이 안 나요. 그래서 더 속상해요."

나는 울먹이며 대답했어요. 그러자 엄마는 머리를 쓰다듬으며 말씀하셨어요.

"물건을 잃어버리지 않게 항상 신경 써야 해! 물건을 잃어버린 것은 잘못이야. 하지만 엄마는 감정이의 마음이 다치지 않는 것이 더 중요하단다."

엄마는 속상해하는 내 마음까지 어루만져 줬어요. 앞으로 물건을 잃어버리지 않게 더욱 소중히 관리해야겠어요.

답답하고 말하기 싫을 때
부모님이 내 마음을 몰라 줘서 섭섭해요

이상해요. 온 종일 힘이 나지 않아요. 텔레비전도 재미없고, 형과 동생이랑 노는 것도 지루해요. 오늘은 혼자 있고 싶었어요.

"감정아, 할 일 없으면 공부 좀 하지 그러니?"

엄마가 물었어요. 나는 가만히 있고 싶은데 엄마는 자꾸 무언가를 시키려 해요. 내 마음을 몰라주는 엄마에게 섭섭했어요.

"왜 대답이 없어?"

엄마는 또 다시 다그쳤어요. 나는 할 수 없이 대답했어요.

"죄송해요, 엄마. 오늘은 제가 기운이 나지 않아요. 조금만 더 쉬고 싶어요."

"감정이 마음이 그랬구나. 감정이의 얘길 들으니 엄마도 감정이의 행동을 이해할 수 있게 됐어. 그러면 쉬고 싶은 만큼 쉬도록 해."

엄마는 내가 아니니까 내 마음을 모르는 건 당연해요. 엄마의 배려로 나는 조용히 쉴 수 있었어요. 잠시 쉬고 나니 다시 기분이 밝아졌어요.

이렇게도 말해요

- 제 마음(생각)은 ○○하고 싶었어요. 미리 말하지 못해 죄송해요.
- 내 마음을 몰라 줘서 섭섭했어요. 하지만 지금은 괜찮아요.
- 오늘은 엄마에게 위로받고 싶어요.
- 지금은 쉬고 싶어요. 한 시간만 쉬고 숙제(공부)할게요.

바라는 것이 생겼을 때
새 신발이 필요해요

아얏!

몇 달 전에 산 축구화가 어느새 작고 낡았어요. 신발을 신을 때마다 엄지발가락이 구부러져서 아팠어요. 나는 엄마에게 새 신발이 필요하다고 이야기했어요.

"엄마, 축구화가 벌써 작아졌어요."

엄마는 깜짝 놀라며 말씀하셨어요.

"산 지 얼마 안 됐는데!"

나는 신발을 신어 보이며 엄마에게 말했어요.

"네. 보세요! 엄지발가락이 튀어나오려고 해요."

엄마는 신발 위를 꾹꾹 눌러 보시더니 고개를 끄덕이셨어요.

"감정이가 쑥쑥 자라고 있다는 증거야. 오늘 새 신발을 사러 가자!"

나는 신 나서 펄쩍 뛰었어요.

"선수들이 신는 멋진 축구화를 살 거예요!"

새 신발에 날개가 달린 것처럼 몸이 가벼웠어요. 오늘은 다섯 골도 넘게 넣을 수 있을 것 같아요.

이렇게도 말해요

신발(옷)이 작을 때 :
- 신발(옷)이 작아서 불편해요. 새것이 필요해요.

가고 싶은 곳이 있을 때 :
- ○○체험관은 정말 신날 것 같아요. 우리 가족도 함께 가요.

보고 싶은 것이 있을 때 :
- ○○영화가 재미있대요. 저도 보고 싶어요.

바라는 것이 생겼을 때
혼자 있어 겁나고 외로워요

학교에서 돌아오면 나는 언제나 혼자 있어요. 부모님은 회사에 계시고, 형은 학원 때문에 바빠요. 막둥이 동생은 엄마가 일을 마치면 함께 어린이집에서 돌아오죠. 그동안 나는 혼자서 가족들이 돌아오기를 기다려야 해요.

"감정아, 엄마 왔다!"

제일 먼저 엄마와 동생이 돌아와요. 나는 재빨리 엄마 품으로 쏙 안겼어요.

"엄마, 보고 싶었어요. 동생아, 기다렸어."

엄마는 제 머리를 쓰다듬으며 물으셨어요.

"혼자 있는데 안 무서웠어?"

나는 씩씩하게 대답했어요.

"조금 무섭고 외로웠지만 끝까지 참고 견뎠어요."

"혼자서 기다릴 줄도 알고 정말 대견하네."

엄마의 칭찬에 내 어깨가 더욱 으쓱해졌어요. 나도 형만큼 자란 것 같아 가슴이 뿌듯했어요.

이렇게도 말해요

혼자 기다려야 할 때 :
- 혼자 있어서 조금 무섭지만 참을 수 있어요.
- 혼자서도 잘할 수 있어요. 걱정하지 마세요!

길을 잃어버렸을 때 :
- (어른에게) 길을 잃어버렸어요. 도와주세요!
- 부모님 전화번호는 ○○○이에요. 연락 좀 해 주세요.

바라는 것이 생겼을 때
칭찬받고 싶어요

"또 백 점을 맞았네! 정말 잘했어!"

형은 공부를 잘해요. 시험을 보면 항상 백 점을 맞아서 부모님의 칭찬을 듬뿍 받아요. 하지만 나는 형처럼 잘하지 못해서 속상해요.

"감정이 시험지는 어디 있니?"

나는 머뭇거리다가 엄마에게 시험지를 보여 드렸어요. 나도 공부를 잘해서 엄마에게 칭찬을 듣고 싶었어요. 그래서 이번 시험은 집중해서 열심히 풀었어요. 하지만 백 점은 나오지 않았어요.

"나도 엄마에게 칭찬받고 싶었어요. 그래서 열심히 공부했어요. 하지만 성적이 잘 나오지 않아 속상해요."

나는 시무룩한 표정으로 말했어요. 엄마가 나에게 실망할까 봐 걱정이 됐어요.

"감정이도 정말 잘했어. 열심히 노력했다는 게 중요한 거야!"

엄마의 칭찬에 기운이 불끈 솟았어요. 다음에는 더욱더 노력해야겠다고 다짐했어요.

이렇게도 말해요

어른에게 칭찬을 듣고 싶을 때 :
- 저도 최선을 다했어요.
- 다음에는 더 열심히 할게요.
- 저 혼자 ○○를 했어요. 칭찬해 주세요.

친구나 동생을 칭찬할 때 :
- 너는 마음씨가 정말 예뻐. 나는 너와 친구(형)가 되어서 매우 기뻐!
- 네가 양보해 줘서 고마워. 다음에는 내가 양보할게.

2장
학교와 학원

화가 날 때
친구가 자꾸 놀려요

"키 작은 땅딸보!"
친구는 내 약점을 가지고 놀리기 시작했어요. 나는 너무 화가 나서 얼굴이 빨갛게 달아올랐어요.
"감정이는 내 동생보다 작은 것 같아."
또 다른 친구가 말했어요. 그 친구의 말에 반 아이들도 모두 깔깔거리며 웃었어요. 그런데 그때 선생님이 해 주셨던 말이 떠올랐어요.
"약해지지 않으려면 또박또박 자기 생각을 표현할 수 있어야 해."
나는 친구에게 화를 내며 욕을 할 수도 있었지만 꾹 참았어요. 대신 친구들을 향해 소리쳤어요.
"그래, 맞아! 나는 키가 작아. 하지만 생각은 너희보다 큰 것 같아. 너희처럼 남의 약점을 가지고 놀리지 않거든."
한순간에 친구들의 웃음소리가 사라졌어요. 이제는 누구도 나를 땅딸보라고 놀리지 않아요.

이렇게도 말해요

놀림을 당했을 때 :
- 네가 뭐라고 해도 나는 아무렇지도 않아!
- 남을 놀리는 건 유치한 짓이야.

놀림 받는 친구에게 :
- 놀리는 말에 신경 쓰지 마. 용기를 가져.
- 놀리는 친구들보다 네가 훨씬 멋져!

화가 날 때

만들기 수업을 망쳐서 속상해요

신나는 미술 시간이에요. 그림을 그리고 만들기를 하는 건 내가 제일 좋아하는 놀이예요. 오늘은 멋진 종이 로켓을 만들어 동생에게 선물로 주고 싶었어요. 하지만 마음먹은 대로 쉽지 않았어요.

"아아, 이게 왜 안 되지?"

내 얼굴은 점점 일그러졌어요. 선생님께서 다가와 물었어요.

"감정아, 무슨 문제라도 생겼니?"

"로켓의 날개를 붙이려다 몸통이 망가졌어요. 어떻게 해야 좋을지 모르겠어요."

내가 시무룩한 표정으로 대답하자 선생님은 찢어진 몸통을 이어 붙여 주시며 말씀하셨어요.

"다시 천천히, 차근차근 만들면 원하는 로켓을 만들 수 있을 거야!"

나는 차분하게 마음을 가라앉히고 다시 만들기를 시작했어요. 차근차근, 천천히 만들기를 하다 보니 더 멋진 로켓이 완성돼 뿌듯했어요.

이렇게도 말해요

- ○○를(을) 하는데 잘되지 않아요. 어떻게 해야 하나요?
- 실수한 부분을 지우고 싶은데 선생님 도움이 필요해요.
- 마음대로 되지 않아서 속상해요. 조금만 시간을 주시면 천천히 다시 해 볼게요.

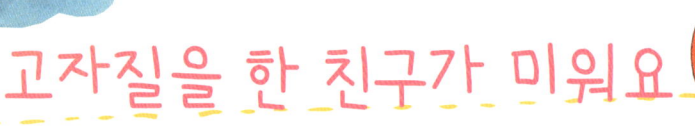
화가 날 때
고자질을 한 친구가 미워요

오늘 수업시간에 벌을 받았어요. 짝꿍이 내가 장난친다고 선생님에게 고자질을 했기 때문이에요. 짝꿍에게 배신감이 느껴져 따지고 싶어졌어요.

"너에게 실망했어. 네가 선생님에게 고자질할 줄은 몰랐거든."

짝꿍에게 나의 마음을 솔직하게 이야기했어요. 짝꿍도 머쓱해 하며 말했어요.

"그때 나도 네 장난 때문에 화가 나서 그랬어. 하지만 너를 벌 받게 할 생각은 없었어."

짝꿍의 말을 들어 보니 먼저 친구를 화나게 한 건 나였어요. 짝꿍이 하지 말라고 해도 계속 장난을 쳤거든요. 이제야 친구의 행동이 이해가 갔어요.

"수업 시간에 장난쳐서 미안해. 다음부터는 조심할게!"

내가 먼저 짝꿍에게 사과했어요. 친구도 웃으며 대답했어요.

"괜찮아! 나도 선생님에게 일러서 미안해."

우리는 기분 좋게 화해를 했어요.

이렇게도 말해요

- 네가 ○○에게(께) 고자질을 해서 기분이 나빴어.
- 내가 잘못한 게 있으면 사과할게.
- 내가 실수한 게 있다면 얘기해 줘. 앞으로 조심할게.

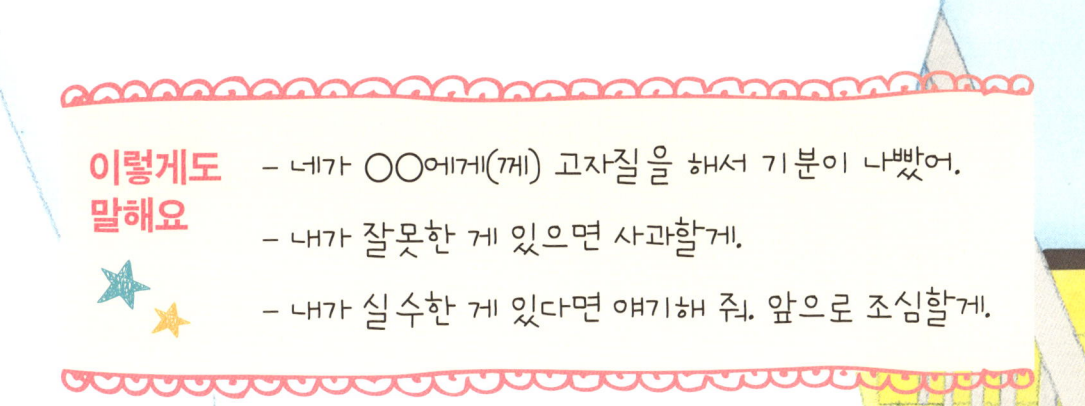

화가 날 때
반칙하는 친구 때문에 열 받아요

"패스, 패스! 공 여기로 넘겨!"

축구 교실에서 나는 멋진 스트라이커예요. 공을 받고 골대를 향하면 메시도 부럽지 않아요. 드디어 슛을 향해 공을 힘껏 차려던 순간이었어요. 그때 수비를 하던 친구가 나를 미는 바람에 넘어져서 다리에 상처를 입고 말았어요.

코치님은 상처를 살펴보고 약을 발라 주셨어요. 그리고 반칙한 친구에게 엄한 표정으로 말씀하셨어요.

"손으로 상대방 선수를 미는 것은 반칙이야. 경기에서도 규칙을 잘 지켜야 한다."

"네, 죄송합니다. 감정아, 다치게 해서 미안해!"

친구는 나보다 더 울상이 된 얼굴로 말했어요. 나는 친구의 어깨를 툭툭 치며 대답했어요.

"경기를 하다가 실수로 그런 거니까 괜찮아!"

우리는 정정당당하게 축구 시합을 끝마쳤어요.

이렇게도 말해요

친구 때문에 다쳤을 때 :
- 실수였다면 용서할게.
- 다음번에는 조심해 줘.

친구를 다치게 했을 때 :
- 많이 아프지? 다치게 해서 정말 미안해.
- 다치게 할 마음은 아니었는데 실수를 했어. 용서해 줄래?

싫증 나고 짜증 날 때
친구를 돕는 일이 귀찮아요

나는 반장도 아닌데 선생님은 자꾸 내게 친구를 도와주라고 말씀하세요. 친구가 무거운 짐을 들고 가면 선생님께서는 나를 부르죠.

"감정이가 함께 들어 주고 오렴."

옆의 짝꿍이 수학을 어려워하면 또 다시 선생님은 내게 말씀하세요.

"감정이가 수학을 잘하니까 진희의 문제 풀이를 좀 도와줘."

그러면 나는 하기 싫어도 친구를 도울 수밖에 없어요. 친구를 돕는 것은 착한 일이지만 자꾸 시키면 귀찮고 짜증 날 때도 있어요. 그래서 나는 선생님께 조심스럽게 여쭤 봤어요.

"왜 저에게 친구를 도와주라고 하세요?"

"선생님은 감정이가 믿음직스러우니까!"

선생님의 칭찬에 기분이 우쭐해졌어요. 앞으로 내가 스스로 친구를 돕기로 했어요.

싫증 나고 짜증 날 때
졸음을 참을 수가 없어요

꾸벅꾸벅. 학원에 가면 졸음이 쏟아져서 눈이 감겨요. 잠들지 않으려고 눈을 비비고 볼을 꼬집어도 소용이 없었어요. 나도 모르게 하품이 저절로 새어 나와서 학원 선생님께 딱 걸리고 말았어요.
"졸지 말고 수업에 집중해!"
나도 그러고 싶지만 마음처럼 되지 않아 짜증이 났어요. 졸음은 정말 참을 수가 없거든요. 그래서 용기 내어 선생님께 말했어요.
"참아보려고 해도 자꾸 졸려서 공부하기 힘들어요."
나의 말을 들은 선생님은 곰곰이 생각하시더니 좋은 방법을 알려주셨어요.
"그러면 잠이 달아날 수 있게 얼굴을 좀 씻고 올래?"
"네, 선생님. 이해해 주셔서 감사합니다."
내가 선생님께 말했어요. 선생님은 빙그레 웃으시며 다른 친구들에게도 말했어요.
"졸린 학생이 있으면 감정이처럼 솔직하게 말하고 씻고 와요."

이렇게도 말해요

- 졸음 때문에 수업을 집중할 수 없어요. 잠깐 서서 공부해도 될까요?
- 선생님 말씀대로 해 볼게요. 이해해 주셔서 감사합니다.

싫증 나고 짜증 날 때
친구에게 질투심이 생겨요

성진이는 인기가 많은 친구예요. 공부도 잘하고, 운동도 잘하고, 얼굴도 잘생겼거든요. 성진이를 볼 때마다 질투심이 생겨서 괜히 심술을 부리기도 했어요. 그래서 오해를 산 적도 있었어요.

"감정아, 너는 내가 싫어?"

어느 날 성진이가 물었어요. 나는 깜짝 놀랐어요. 성진이에게 질투를 느끼지만 미워하지는 않아요.

"싫어하다니! 그렇지 않아. 사실 네가 부러워서 심술을 부린 거야. 미안해."

성진이가 상처받지 않도록 내 마음속의 비밀을 꺼내 놨어요. 그러자 성진이도 깜짝 놀라며 대답했어요.

"나도 너를 부러워했어. 너는 항상 친구들을 즐겁게 해 주잖아!"

성진이의 말에 기분이 우쭐해졌어요. 나의 장점을 알고 나니 친구에 대한 질투심이 사라졌어요.

이렇게도 말해요

친구에게 질투심이 생길 때 :
- 나는 너의 그림 솜씨가 정말 부러워.
- 너처럼 그림을 예쁘게 그리고 싶어.
- 운동을 잘하는 너랑 친구가 되어 정말 기뻐.

친구가 나를 질투할 때 :
- 너는 친구들을 즐겁게 해 주잖아. 너의 그런 점이 부러워.
- 너는 나보다 운동 실력이 뛰어나잖아.
- 나도 너처럼 말을 재밌게 하고 싶어!

답답하고 말하기 싫을 때
새 학년, 새 친구들이 낯설어요

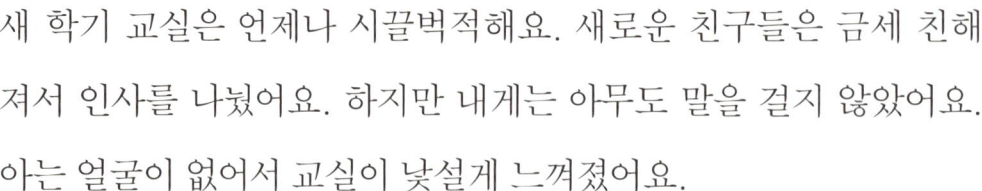

새 학기 교실은 언제나 시끌벅적해요. 새로운 친구들은 금세 친해져서 인사를 나눴어요. 하지만 내게는 아무도 말을 걸지 않았어요. 아는 얼굴이 없어서 교실이 낯설게 느껴졌어요.

"감정이는 어디 불편하니?"

울상이 된 내게 선생님께서 다가와 물었어요.

"저는 아는 친구가 없어서 교실이 낯설고 어색해요."

내가 고개를 푹 숙인 채 대답했어요. 그러자 선생님은 나를 토닥이며 말씀하셨어요.

"처음에는 다들 낯설고 힘들어해. 하지만 매일 친구들과 만나면 금방 적응하고 익숙해질 거야."

그때 내 옆에 서 있던 친구가 말했어요.

"나도 여기에 아는 친구가 없어. 우리 앞으로 친하게 지내자!"

나는 더 이상 겁내지 않기로 마음먹었어요. 선생님 말씀처럼 시작은 낯설지만 곧 익숙해지니까요.

새 학년에 올라가면 이렇게 해요

1. 새로운 자리를 찾아 앉아요.
2. 주변에 앉은 친구들에게 인사하고 이름을 말해요.
   → "안녕, 나는 ○○○이라고 해."
3. 같은 반이 된 반가움을 표시해요.
   → "만나서 반가워. 우리 앞으로 사이좋게 지내자!"

답답하고 말하기 싫을 때
발표를 잘하지 못해서 창피해요

"감정이의 장래희망에 대해서 이야기해 볼래?"
선생님은 제일 먼저 내게 발표를 시키셨어요. 나는 깜짝 놀라 손이 부들부들 떨리고 심장이 콩닥콩닥 뛰었어요.
"저의……장래희망은…….."
친구들이 쳐다보자 입이 딱 다물어져 떨어지질 않았어요. 더듬거리며 발표를 끝냈지만 몹시 창피하고 친구들이 놀릴까 봐 걱정됐어요.
"선생님, 떨려서 발표를 잘 못했어요. 다음에는 더 잘할게요."
나는 내 마음을 솔직하게 말했어요. 내 말을 들은 선생님은 환히 웃으시며 친구들을 향해 말씀하셨어요.
"감정이는 떨면서도 용기를 내서 발표를 끝까지 해냈어요. 우리 모두 감정이의 용기에 손뼉을 쳐 주자!"
친구들은 손뼉을 쳐 주었어요.
선생님의 칭찬에 나는 더 씩씩하게 발표할 용기가 생겼어요.

이렇게도 말해요

발표를 잘하려면 :
- (우렁찬 목소리로) 저는 ○○라고 생각합니다.
- 저의 생각은 ○○입니다.

발표가 어려울 때 :
- 선생님, 생각해 보고 다음에 발표해도 될까요?
- 잘 생각이 나지 않아요. 조금만 시간을 주세요.

답답하고 말하기 싫을 때

오늘 선생님은 내 독후감 숙제를 칭찬해 주셨어요. 그런데 사실 그건 형의 독후감이었어요. 그러나 나는 내가 썼다고 거짓말로 둘러댔어요. 그 이후 내 마음은 꼬집힌 것처럼 찌릿찌릿 아팠어요. 그래서 교무실로 찾아가 사실을 고백하기로 했어요.

"선생님, 제 독후감은 형이 쓴 걸 베낀 거였어요. 죄송합니다."

선생님은 굳은 표정으로 말씀하셨어요.

"거짓말을 한 건 나쁘지만 잘못을 반성하고 솔직히 말한 것은 훌륭한 태도야. 그렇지만 거짓말에 대한 벌은 받아야겠지. 벌로 네가 스스로 쓴 독후감을 검사받도록 하렴."

그리고 또 선생님은 말씀하셨어요.

"감정아, 거짓말은 마음의 짐이야. 한번 거짓말을 하면 들키지 않으려고 계속 거짓말을 하게 된단다. 그러면 마음의 짐도 점점 무거워져서 답답하고 아프게 되는 거란다."

선생님의 말씀이 맞아요. 거짓말을 훌훌 털어버리고 나니까 아픈 마음도 깨끗이 나았어요.

답답하고 말하기 싫을 때

선생님이 무섭고 싫어요

영어 선생님은 나이가 많고 얼굴이 무섭게 생겼어요. 선생님이 "이 놈들!" 하고 소리치면 우리는 모두 놀라고 벙어리가 되죠. 그래서 나는 선생님이 무섭고 싫어요.

선생님이 부르시면 잘못을 안 했는데도 덜컥 겁이 나서 눈물이 그렁그렁 맺혀요. 겁에 질린 내 모습을 보고 선생님께서 물으셨어요.

"감정이는 선생님이 무섭니?"

나는 조심스럽게 입을 열었어요.

"네."

내 대답을 듣고 선생님은 주머니를 뒤적뒤적하셨어요. 그리고는 막대사탕을 하나 꺼내 주시며 말씀하셨어요.

"선생님도 알고 보면 아주 재미있어! 그리고 너랑도 친해지고 싶단다."

선생님은 할아버지처럼 다정하게 웃어 주셨어요. 선생님의 새로운 점을 발견한 것 같아요. 내일부터 선생님의 재미있는 모습을 하나씩 찾아보기로 했어요.

선생님이 무서울 때 이렇게 해 봐요

1. 용기를 내서 선생님께 고백해요.
→ "선생님과 친해지고 싶은데 무섭고 어려워요."

2. 친구들과 선생님의 무섭지 않은 부분을 발견해 보아요.
→ "선생님은 웃을 때 멋있어."
　"선생님의 옷차림은 매우 세련되었어."

3. 선생님께 감동받은 일이나 좋은 점을 이야기해 보아요.

바라는 것이 생겼을 때
새 자리가 마음에 안 들어요

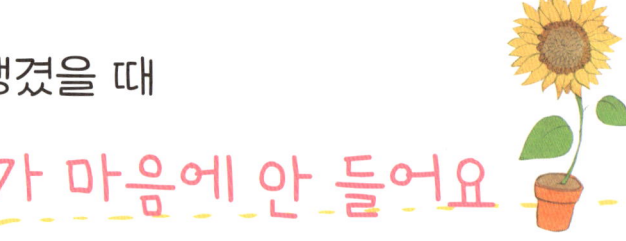

새로 앉게 될 내 자리는 어디일까요?

두근두근 설레는 마음으로 자리 뽑기를 시작했어요. 차례차례 친구들의 자리가 정해지고 마침내 내 자리도 정해졌어요. 자리를 뽑고 나는 실망감이 컸어요. 그 자리는 내가 원하던 곳이 아니었거든요.

"모두 새로운 자리가 마음에 들어요?"

선생님께서 물으셨어요. 내가 손을 번쩍 들어 대답했어요.

"선생님, 저는 자리를 바꾸고 싶어요. 여기 앉으면 제 키가 작아서 칠판이 잘 보이지 않아요."

선생님은 내 자리를 유심히 살펴보셨어요.

"그렇구나. 민구가 감정이보다 키가 크니까 자리를 바꿔 줄 수 있니?"

민구는 흔쾌히 자리를 바꿔 줬어요. 나는 민구와 선생님께 말했어요.

"민구야, 자리를 바꿔 줘서 고마워! 선생님, 감사합니다."

이렇게도 말해요	**선생님께 부탁할 때 :** – 제가 ○○○ 때문에 자리를 바꾸고 싶어요. – 저는 앞자리에 앉고 싶어요. 그 이유는 ○○○ 때문이에요. **친구에게 부탁할 때 :** – 친구야, 자리를 바꿔 줄 수 있니? – 자리를 바꿔 줘서 고마워.

바라는 것이 생겼을 때

짝꿍과 친해지고 싶어요

새로운 친구와 짝꿍이 됐어요. 내가 먼저 인사를 하고 싶었지만 하지 못했어요. 짝꿍이 새침데기처럼 보여서 쉽게 말이 나오지 않았거든요. 주변 친구들은 짝꿍과 친해진 것 같은데 우리는 아직 서먹서먹했어요.

"딩동댕."

점심시간이 찾아왔어요. 나는 그제야 짝꿍에게 수줍게 말을 걸었어요.

"오늘 반찬은 돈가스네! 나는 돈가스 좋아하는데 너도 좋아해?"

짝꿍은 환하게 웃으면서 대답했어요.

"응. 나도 무척 좋아해. 우리 많이 먹자!"

짝꿍은 미소를 지어 보였어요. 새침데기처럼 보였던 짝꿍이 친근하게 느껴졌어요. 우리는 장난도 치면서 맛있게 점심을 먹었어요. 어느새 짝꿍과 나는 단짝이 되어 학원도 함께 가기로 약속했어요. 내일 아침에는 씩씩하게 "짝꿍, 안녕!" 하고 인사할 거예요.

바라는 것이 생겼을 때
문제를 못 풀어 속상해요

수업시간에 수학 문제를 내 주었어요. 선생님은 스스로 문제를 풀어 보라고 하셨어요. 나는 혼자 끙끙 대며 수학 문제와 씨름했어요. 하지만 도무지 풀리지 않는 문제가 있었어요.

"선생님의 도움이 필요해요!"

내가 손을 번쩍 들고 선생님께 말했어요. 선생님은 가까이 다가오셨어요.

"이 문제가 어려워서 못 풀겠어요. 어떻게 풀어야 하나요?"

나는 질문할 때 조금 걱정이 됐어요. 문제를 못 풀어서 혼이 나지 않을까 겁이 났었거든요. 하지만 선생님은 나무라기보다 친절하게 문제풀이를 가르쳐 주셨어요.

"아! 알겠어요. 선생님, 설명해 주셔서 감사합니다."

이제 혼자서도 다음 문제를 척척 풀 수 있게 되었어요. 선생님은 다른 친구들에게도 말했어요.

"모르는 문제가 있으면 감정이처럼 씩씩하게 손을 들고 물어보세요!"

이렇게도 말해요

- 문제가 어려워서 도움이 필요해요.
- 어떻게 푸는지 한 번 더 설명해 주세요.
- 이 문제풀이에 대해 알고 싶어요.

🍎 감정을 또박또박 표현하는 어린이 커뮤니케이션

화나고 짜증 날 때 이렇게 말해요

초판 1쇄 발행 2015년 6월 30일
초판 3쇄 발행 2022년 6월 3일

지은이 오효진
그린이 김수옥
펴낸이 문미화
펴낸곳 도서출판 책읽는달
주 소 서울 서대문구 가재울로 45, 105-1204
전 화 02)326-1961 / 02)326-0960
팩 스 02)6924-8439
전자우편 booknmoon2010@naver.com
블로그 http://blog.naver.com/booknmoon2010
출판신고 2010년 11월 10일 제2016-000041호

ⓒ 오효진, 2015

ISBN 979-11-85053-23-3 77370

※ 이 책은 저작권법에 의해 보호받는 저작물이므로 허락 없이 복사, 복제, 옮겨 실을 수 없으며
   책 내용의 전부 또는 일부를 사용하려면 책읽는달과 저자의 동의를 받아야 합니다.
※ 잘못된 책은 본사나 구입하신 곳에서 바꾸어 드립니다. 책값은 뒤표지에 있습니다.
※ 책읽는달은 여러분의 아이디어와 원고를 기다리고 있습니다.
   소중한 책으로 남기고 싶은 아이디어나 원고가 있으신 분은 booknmoon2010@naver.com으로 보내주세요.

어린이제품안전특별법에 의한 표시사항

제조자명 도서출판 책읽는달 **주소** 서울 서대문구 가재울로 45, 105-1204
전화 02)326-1961 **제조연월** 2022년 6월 **제조국** 대한민국 **사용연령** 7세 이상
⚠ **주의** 책을 떨어뜨리거나 던져서 다치지 않게 주의하세요. 책을 입에 물지 마시고 책에 손이 베일 수 있으니 주의하세요.